AF382916

Business

MÉDAF / CAPM

Le modèle d'évaluation des actifs financiers

Par Ariane de Saeger
Sous la direction d'Isabelle Van Steenkiste

50MINUTES.fr

LE MÉDAF/CAPM

- **Dénomination(s) ?** CAPM (*Capital Asset Pricing Model*) ou MÉDAF (Modèle d'Évaluation des Actifs Financiers)
- **Usage(s) ?** Le MÉDAF est une méthode mathématique qui permet d'estimer la rentabilité de n'importe quel actif financier. La prévision du rendement est calculée sur le risque que comporte l'actif.
- **Efficacité ?** Le MÉDAF est l'une des méthodes d'évaluation du risque des actifs financiers les plus populaires. Toutefois, son efficacité est critiquée par des économistes tels que Richard Roll (économiste américain, né en 1939).
- **Mots-clés ?**
  - <u>Actif financier</u> : un actif est un titre ou un contrat qui donne la possibilité à son détenteur d'obtenir un gain en contrepartie d'une prise de risque donnée. Par exemple: j'achète une action, c'est-à-dire un actif financier, en espérant qu'à terme, sa valeur ait augmenté et que je pourrai la revendre pour en retirer

un certain profit. Attention, si la valeur de l'action diminue, je fais face à une perte sur mon achat.

- Bourse (au sens économique et financier) : institution publique ou privée qui permet de réaliser des échanges d'actifs, des transactions sur des valeurs mobilières (par exemple les actions). En d'autres termes, c'est un marché de financement et de placement où le prix est fixé en fonction de l'offre et de la demande.
- Marché des capitaux : lieu de rencontre entre l'offre et la demande pour des capitaux. L'offre correspond à l'épargne (l'excédent de capitaux disponibles) mise à disposition de ceux qui désirent emprunter. Ceux qui empruntent constituent la demande (le besoin de financement). L'équilibre sur ce marché est crucial.
- Portefeuille : ensemble des valeurs mobilières (notamment les actions et les obligations) détenues par une personne, une entreprise, une banque, etc.
- Rendement : rentabilité d'une somme investie. Si je place mon argent à un taux d'intérêt de 7 % et qu'un ami place le même montant

à un taux de 4 %, je peux dire que mon rendement sur capital placé est meilleur que le sien.

- ◦ <u>Taux d'intérêt</u> : le taux d'intérêt représente le coût de l'argent. Il me permet donc de calculer les coûts que peuvent occasionner un emprunt ou un placement d'argent. Le taux d'intérêt peut aussi être défini comme la rémunération obtenue en cas de placement.

Dans les années cinquante, les marchés financiers se perfectionnent et deviennent l'intermédiaire idéal pour équilibrer les capacités et les besoins en financement des différents agents économiques : ils ont pour mission d'assurer le financement de l'économie par différents moyens (épargne, achat de titres, d'actifs, etc.). Entrent en compte deux variables étroitement liées lors de l'investissement d'un actif financier : le rendement et le risque.

Afin de mieux cerner ces deux variantes, des études sont menées par divers économistes :

- Frank Knight (économiste américain, 1885-1972) définit les notions d'« incertitude » et de « risque » en 1921 ;

- Harry Markowitz (économiste américain, né en 1927) annonce le début de la théorie moderne de la diversification en 1950, appelée dès 1952 la théorie moderne du portefeuille. Cette théorie propose une réflexion financière sur l'utilisation de la diversification pour optimiser son portefeuille. Il s'agit de la version la plus proche du MÉDAF actuel ;
- enfin, dans les années soixante et au début des années soixante-dix, les économistes américains William Sharpe (né en 1934), John Lintner (1916-1983) et Fischer Black (1938-1995), ainsi que le Norvégien Jan Mossin (1936-1987) approfondissent les modèles financiers hérités, donnant naissance au MÉDAF.

DÉFINITION DU MODÈLE

Le MÉDAF est utilisé autant sur les marchés financiers que pour résoudre des problématiques financières d'entreprise. Le modèle de calcul se base sur la mesure du risque systématique, de la rentabilité attendue et du taux d'intérêt. En d'autres termes, le MÉDAF permet d'estimer le rendement d'un actif par rapport à son risque.

THÉORIE – PRÉSENTATION DU CONCEPT

Cette partie renseigne sur la méthode d'évaluation d'actifs financiers d'un point de vue purement théorique afin de pouvoir saisir toutes les subtilités du MÉDAF.

CONTEXTE

Ce modèle a été développé à un moment où l'ensemble des marchés financiers se perfectionnaient et s'uniformisaient. Il est né de la volonté de mieux connaître les risques d'un investissement financier.

L'apport de Markowitz

Le MÉDAF prolonge la théorie moderne du portefeuille de Markowitz, tant dans ses hypothèses que dans ses conclusions. L'économiste insiste en effet sur l'intérêt que représente une diversification d'un portefeuille pour un investisseur qui désire obtenir le meilleur rapport rentabilité-risque.

Markowitz pose cinq hypothèses à son modèle :

1. les marchés financiers sont efficients, c'est-à-dire que les prix et le rendement des actifs financiers présentent fidèlement toutes les informations disponibles sur ces actifs ;
2. les investisseurs sont peu enclins au risque et ne prennent donc pas de risque supplémentaire sans garantie d'un rendement additionnel ;
3. les marchés sont en équilibre ;
4. il n'existe pas d'opportunité d'arbitrage sur des marchés équilibrés, puisque l'offre d'actifs rencontrerait exactement la demande pour ces actifs et que le prix serait alors naturellement en équilibre ;
5. et enfin, l'investisseur fait des choix rationnels.

Définitions

- <u>Opportunité d'arbitrage</u> : possibilité que détient un investisseur de modifier son portefeuille d'actifs en fonction de ses anticipations. Plus précisément, il s'agit d'une opération (achat ou vente) en sens inverse sur deux marchés différents, deux produits ou deux échéances. L'opportunité consiste à profiter des anomalies de cotation.

- <u>Corrélation d'actifs</u> : relation existante entre deux actifs financiers allant dans le même sens (corrélation positive) ou dans le sens opposé (corrélation négative).

L'apport de Markowitz est double. Il soulève d'une part que l'intérêt de la diversification d'un portefeuille d'actifs ne repose pas sur l'absence de corrélation entre les rentabilités, mais plutôt sur leur corrélation imparfaite ou partielle. Il démontre d'autre part que la réduction de risque liée à la diversification est limitée par le degré de corrélation entre les actifs. En conséquence, Markowitz démontre que la diversification diminue le risque sans pour autant affecter la rentabilité.

Le MÉDAF, quant à lui, étend le champ d'action, car il considère l'ensemble des agents économiques.

OBJECTIF PRINCIPAL DU MÉDAF

Comme énoncé précédemment, l'objectif du MÉDAF est de renseigner au maximum l'investisseur sur le risque et la rentabilité potentielle de l'actif financier dans lequel il veut investir. L'investisseur avisé opte soit pour un portefeuille risqué efficient, soit pour un partage entre actifs risqués et non risqués. Le MÉDAF propose une détermination du prix d'équilibre des actifs.

HYPOTHÈSES DU MODÈLE

DÉFINITIONS

- <u>Écart-type</u> : mesure de dispersion la plus couramment utilisée pour dessiner une tendance centrale. Il mesure donc la variabilité par rapport à la moyenne.
- <u>Espérance</u> : figuration du gain moyen ou de la perte moyenne qu'une personne est susceptible de percevoir dans le cadre d'une expérience aléatoire.

- Tous les investisseurs sont considérés comme « investisseurs » au sens de Markowitz : ils considèrent chaque actif uniquement sous son aspect risque/rentabilité. Le marché est sans « frictions », c'est-à-dire qu'il n'y a pas de coûts de transaction, pas de commission, etc.

- Les plus-values et les dividendes ne sont pas taxés.
- Le marché est en équilibre, un investisseur peut acheter ou vendre à découvert n'importe quelle action pour autant que cela n'ait pas d'incidence sur le prix de l'action ; l'information est transparente.
- Les investisseurs n'apprécient pas le risque gratuit. C'est pourquoi ils choisissent un niveau plus ou moins élevé selon la rémunération qu'ils pourraient en retirer (prime de risque).
- Les investisseurs ont le même horizon temporel, ce qui permet une certaine standardisation des analyses.
- Les investisseurs anticipent de la même manière les performances futures des titres.
- Les investissements sont infiniment divisibles : il est possible d'acheter ou de vendre une fraction d'action ou de portefeuille.
- Les investisseurs contrôlent le risque par la diversification.

- Les investisseurs peuvent prêter ou emprunter toute somme d'argent au taux sans risque (*Risk-Free Rate*).
- La rentabilité d'un titre est estimée par l'espérance de gain à un horizon donné, et son risque est estimé grâce à l'écart-type de ses variations passées. Par exemple, une action relativement risquée montre un prix fluctuant et donc un écart-type calculé élevé.

Supposons une homogénéité des espérances, des écarts-types et des variantes ainsi que sur les corrélations qui existent entre les différents actifs financiers.

Par ailleurs, chaque portefeuille est composé du même type d'actifs. Seule la proportion – pourcentage du risque (faible ou élevé) – entre les actifs risqués et non risqués diffère.

COMPOSANTES DU MODÈLE

Le MÉDAF repose sur le fait que les différents actifs et portefeuilles d'actifs sont analysés sous l'angle risque-rentabilité, aussi le challenge de chaque investisseur est de rechercher le portefeuille avec une utilité maximale. Il existe trois composantes essentielles pour constituer un portefeuille efficient :

- la CML qui détecte les différentes combinaisons risque-rentabilité ;
- la prime de marché qui définit le coût du risque ;
- le coefficient *bêta* qui mesure le risque d'un actif par rapport au risque du marché.

La droite de marché ou CML (*Capital Market Line*)

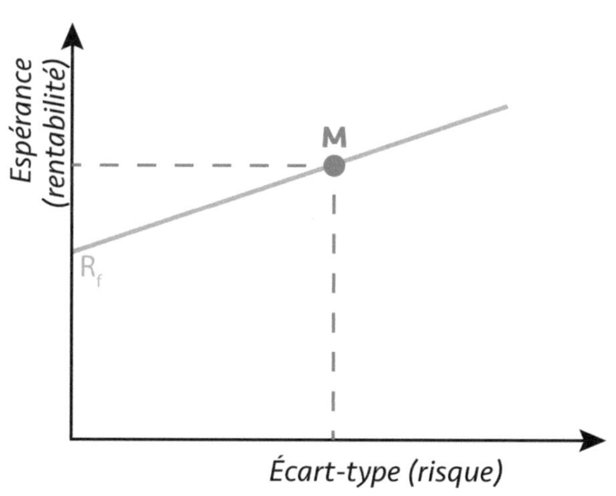

La droite de marché expose les combinaisons rentabilité-risque d'actifs financiers. Avec Rf, niveau de rentabilité pour un actif non risqué (obligation d'état par exemple) et M, combinaison globalement observée sur le marché, appelée également portefeuille de marché. Le choix de la combinaison dépendra du profil de l'investisseur et de son aversion pour le risque.

Fomule de la CML

$$E(R_i) = R_f + \left(\frac{E(R_M) - R_f}{\sigma_M} \right) \sigma$$

i = actif

M = marché

σ = risque

$(E(R_M) - R_f)$ = prime de risque

$E(R_i)$ = rentabilité espérée de mon actif

R_f = rentabilité de mon actif ou taux d'intérêt sans risque

La prime de marché et le MÉDAF

L'investisseur exige du marché une prime qui couvre le risque que ce dernier prend. Plus le risque est grand, plus la prime est élevée et la pente de la CLM forte.

L'indicateur de risque bêta

Le MÉDAF ne mesure pas un niveau de risque mais plutôt un risque relatif d'un titre ou d'un portefeuille par rapport au marché, appelé ß (bêta). Autrement dit, le bêta est le rapport entre les variations des prix d'un actif financier (ce que l'on nomme « volatilité ») sur les variations des prix du marché en général. Il s'agit donc de la sensibilité ou de l'élasticité du cours d'un titre par rapport à l'indice boursier représentant le marché. Plus il est proche de 1, moins il est considéré comme volatile.

Dès lors, la prime de risque pour un actif financier est égale à son coefficient bêta multiplié par le risque global du marché.

Le MÉDAF correspond à l'égalité entre la prime de risque d'un actif *i* ou d'un portefeuille et celle du marché multipliée par le bêta de l'actif étudié.

Formule du MÉDAF

$$E(R_i) = R_f + \beta_i\,[\,E(R_M) - R_f\,]$$

i = actif

$E(R_i)$ = rentabilité espérée de mon actif

R_f = rentabilité de mon actif ou taux d'intérêt sans risque

β_i = mesure du risque systématique de l'actif (risque du non diversifiable de l'actif)

$E(R_M)$ = rentabilité espérée sur le marché

La rentabilité espérée pour cet actif i ($E(R_i)$) peut alors être calculée pour autant que le taux sans risque, le bêta du titre ainsi que la prime du marché soient connus. À l'inverse, si la rentabilité est connue, le risque peut également être calculé.

AVANTAGES

Fomule de taux d'actualisation

$$VAN = F_0 + \frac{F_1}{(1 + t_\%)} + \frac{F_2}{(1 + t_\%)^2} + \frac{F_3}{(1 + t_\%)^3} + \dots + \frac{F_n}{(1 + t_\%)^n}$$

VAN = valeur actuelle nette

F = flux futurs

t = taux d'actualisation

Le MÉDAF offre plusieurs avantages :

- il permet de calculer les différentes rentabilités pour les actifs en question ;
- il facilite la prise de décisions économiques et financières grâce au calcul du risque ;
- c'est un modèle plus simple à utiliser que le MEA, bien que moins précis d'un point de vue économétrique ;
- il propose deux applications utiles de son modèle :
  - mesure des performances des gestionnaires de fonds ;
  - calcul du taux d'actualisation approprié pour évaluer les revenus futurs d'une entreprise.

CONCLUSION

On comprend donc qu'en général, un investisseur rationnel va plutôt opter pour un portefeuille composé d'actifs financiers diversifiés (actifs risqués et non risqués) afin de prétendre à une efficience maximale et un risque limité.

Bien qu'il soit difficile d'évaluer son efficacité, le MÉDAF reste un outil de mesure de performances permettant de comparer le travail du gestionnaire et les réalités du marché, et indiquant par ailleurs le taux d'actualisation approprié pour calculer les revenus futurs d'une entreprise.

LIMITES DU MODÈLE ET EXTENSIONS.

LIMITES ET CRITIQUES DU MODÈLE

Les limites du MÉDAF sont nombreuses et les critiques majoritairement relatives aux hypothèses établies.

- **L'instabilité du bêta.** Pour rappel, le bêta est le risque relatif d'un titre ou d'un portefeuille par rapport au restant du marché. Cette instabilité provient du fait que le risque d'un titre est variable et donc susceptible d'être modifié à tout instant. Par exemple, j'achète un actif financier au temps t et je calcule le risque x auquel je m'expose avec cet investissement. À ce stade, rien ne m'assure qu'au temps $t + 1$, le risque x de ce même actif n'aura pas été modifié à cause de facteurs externes (par exemple une situation de crise). Pour pallier cette faille, le gestionnaire considère généralement l'ensemble des bêtas afin de réduire en partie le risque individuel.

- **La limite de la diversification du porte-feuille.** Il est impossible de diversifier totalement son portefeuille : il faudrait acheter quantité d'actifs financiers diversifiés avant de prétendre à une corrélation partielle (dans le cas où la diversification réduit le risque). Par ailleurs, un portefeuille avec une corrélation réduite peut finir par se corréler en raison de l'évolution du contexte économique, social et politique.
- **La difficulté de l'application pratique** dans un contexte prévisionnel.
- **L'irréalisme des hypothèses.** Il est presque impossible d'avoir une idée précise des taux sans risque auxquels investir ; il n'existe pas de fiscalité homogène entre les actifs financiers, alors que les coûts de transaction, eux, sont bien réels, etc.
- **La dépendance des études du MÉDAF au choix du portefeuille de marché.** Cette dépendance est développée par l'économiste Richard Roll.

FAIBLESSE ET CRITIQUE

Plus largement, c'est l'efficience relative du MÉDAF qui est pointée du doigt par les détracteurs.

Ainsi, Richard Roll conteste la possibilité de tester l'efficacité du modèle : d'après lui, pour vérifier celle-ci, il faudrait déjà pouvoir mesurer l'efficience du portefeuille de marché, ce qu'il juge impossible. En effet, selon lui, puisque le portefeuille comprend non seulement toutes les actions, mais également les obligations, les placements immobiliers et les métaux précieux, entre autres, on ne peut le mesurer précisément et l'intégrer efficacement dans le MÉDAF.

EXTENSIONS ET MODÈLES CONNEXES

Alors que le MÉDAF repose uniquement sur l'évaluation du bêta, outil de mesure du risque variable, d'autres modèles proposent des méthodes alternatives permettant également de déterminer le risque financier.

Modèle d'Évaluation par Arbitrage (MEA) ou Arbitrage Pricing Theory (APT)

Face à l'instabilité des bêtas observée dans le MÉDAF, Stephen Alan Ross (économiste américain, né en 1944) présente en 1976 un modèle alternatif basé sur la théorie de l'arbitrage.

Selon lui, il existe plusieurs facteurs économiques qui influencent les rentabilités :

- d'une part, des facteurs généraux qui influencent simultanément plusieurs rentabilités ;
- et d'autre part, des facteurs propres à un actif qui n'influencent que la rentabilité de cet actif.

La théorie de l'arbitrage avance, en outre, que les facteurs spécifiques aux différents titres sont indépendants des facteurs généraux et qu'ils sont aussi indépendants les uns des autres.

Le principe d'arbitrage s'observe dès que deux titres, ayant les mêmes sensibilités face aux différents facteurs, ne jouissent pas de la même espérance de rendement. S'il n'y a pas d'occasion d'arbitrage, autrement dit s'ils ont la même espérance de rendement, le risque du marché de l'actif doit être calculé par les bêtas relatifs aux facteurs du marché non spécifiés qui affectent tous les investissements.

Le MEA s'applique d'une manière plus générale que le MÉDAF. Cependant, sa faiblesse principale réside dans l'origine et le choix des facteurs influençant les actifs.

Modèle multifactoriel

Le modèle multifactoriel tente de combler la faille du MEA, à savoir l'identification de facteurs économiques spécifiques pouvant influencer le risque. Puisque le risque de marché affecte la plupart des investissements (voire tous), il provient des facteurs macroéconomiques. Le modèle définit donc le risque de marché comme le risque d'exposition de tout actif aux facteurs macroéconomiques. Pour ce modèle, la base du calcul du risque est le bêta d'actif relatif aux facteurs macroéconomiques.

Modèle Fama-French à trois facteurs ou modèle à variables représentatives

Ce modèle est développé au début des années quatre-vingt-dix par les économistes américains

Eugene Francis Fama et Kenneth Ronald French et s'inspire du modèle multifactoriel selon lequel le rendement est influencé par plus d'un facteur. Le modèle Fama-French postule l'existence de deux facteurs influençant le rendement :

- **La taille de l'entreprise.** Fama et French mesurent la taille d'une entreprise par la capitalisation boursière (CB). Ils remarquent notamment que les titres à petites CB, considérés comme plus risqués et avec un coût de capital plus élevé, ont une rentabilité moyenne élevée par rapport aux grandes CB. En conséquence, les titres à petites CB ont un rendement excédentaire par rapport à celui de l'actif sans risque qui est plus élevé que celui prédit par le MÉDAF ;
- Comme pour la CB, **les titres à ratio valeur comptable/valeur marché élevée**, relativement sous-estimés par le marché, sont plus risqués et ont un coût du capital plus important. Toutefois, ce sont souvent ces titres même qui ont le rendement le plus élevé.

En comparant la CB et le ratio VC/VM, Fama et French constatent que le ratio VC/VM est statistiquement plus pertinent que la CB et qu'il est un facteur majeur exerçant une forte influence sur les titres. Par ailleurs, sur le long terme, ils remarquent que la relation entre le ratio VC/VM et le rendement est beaucoup plus forte et stable que la relation existante entre la CB et le rendement.

En conclusion, les investissements rentables s'effectuent dans des entreprises à faible capitalisation boursière et dotées d'une valeur comptable élevée, ce qui ne pourrait pas être envisagé dans le modèle MÉDAF.

MISE EN PRATIQUE DU CONCEPT

Cette partie renseigne sur les étapes à suivre et les questions à se poser lors d'une mise en application du MÉDAF. Elle expose également des recommandations utiles pour éviter de faire erreur.

CONSEILS ET *BEST PRACTICES*

Définir le risque d'un investissement

La première étape consiste à définir le risque d'un investissement. Ce risque peut être mesuré grâce à la variance de la rentabilité réelle par rapport au revenu anticipé. On observe alors le niveau de risque de l'actif : sans risque, à faibles risques ou à hauts risques.

Les types d'investissement

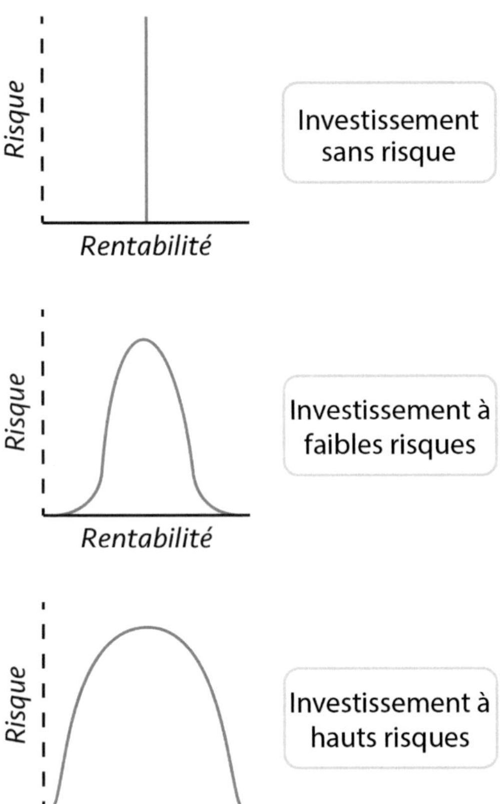

Différencier le risque rémunéré et non rémunéré

Une fois le niveau de risque déterminé, il faut différencier le risque rémunéré du risque non rémunéré. En effet, chaque actif donné comporte deux types de risques : le risque spécifique à un investissement, appelé « risque d'entreprise » ou « risque intrinsèque », et un risque général à tous les investissements, appelé « risque de marché ».

- **Le risque spécifique** peut être contrôlé dans un portefeuille diversifié si l'investissement spécifique risqué n'est qu'une petite partie du portefeuille et peut par exemple être contrebalancé par un autre actif spécifique moins risqué. On parlera alors de « risque moyen » qu'exposent les différents investissements à risque spécifique d'un même portefeuille.
- **Le risque de marché** qui affecte tous les investissements ne peut quant à lui pas être contrôlé, car il porte généralement sur la globalité des actifs financiers présents sur le marché. À l'origine de ce risque, on distingue deux facteurs : l'évolution générale du monde économique – de la fiscalité à la politique de prix – et le ressenti des investisseurs par rapport à ses évolutions potentielles.

L'investisseur avisé, s'étant normalement assuré d'avoir un portefeuille diversifié, ne percevra de rémunération que pour les risques liés aux évolutions du marché.

Mesurer le risque lié au marché

Pour calculer ce risque, l'investisseur pourra utiliser différentes méthodes, parmi lesquelles le MÉDAF, le MEA, le modèle multifactoriel et le modèle à variables représentatives, développées plus haut. En fonction des hypothèses posées, le risque de marché est perçu et calculé différemment.

Le MÉDAF repose sur le fait que les différents actifs et portefeuilles sont détectés par couple risque-rentabilité et que le but de chaque investisseur est de rechercher le portefeuille le plus efficient. Cet objectif peut être atteint en trois étapes.

1. L'investisseur doit déterminer la « frontière des portefeuilles efficients », c'est-à-dire l'ensemble des portefeuilles minimisant le risque pour un rendement moyen donné. L'ensemble de ces portefeuilles est appelé l'ensemble effi-

cient ; il est représenté par la surface délimitée en forme de parapluie. Ci-dessous, on observe que le point x n'est pas rationnel, car pour un même niveau de risque, il existe une combinaison de plus haut rendement e.

Frontière des portefeuilles efficients

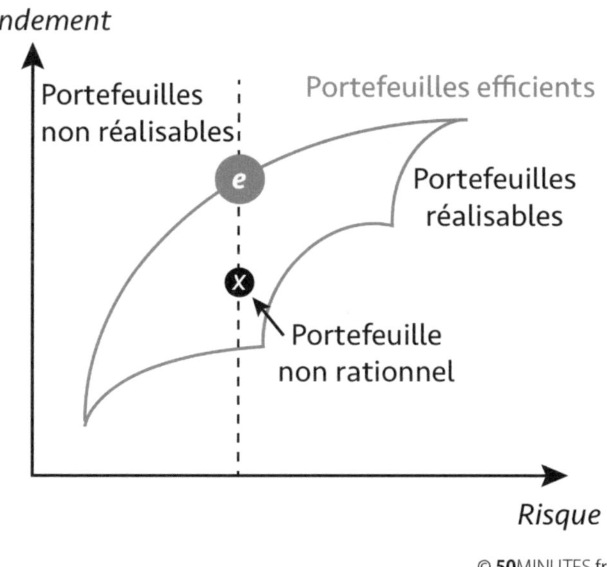

2. La somme des proportions investies doit être égale à 1. Plus le coefficient de corrélation

est faible, plus on réduit le risque : la courbe d'indifférence se déplace alors vers la gauche.

Courbes d'indifférence

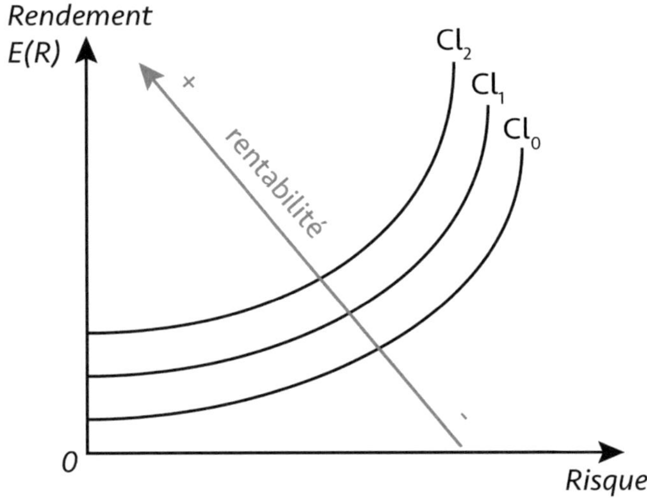

3. La courbe d'indifférence est l'ensemble des combinaisons des deux biens ou des deux facteurs qui procurent au consommateur ou investisseur un niveau de satisfaction identique. L'axe Y, E(R), correspond à la rentabilité attendue tandis que l'axe X correspond au niveau de risque. Chaque courbe donne à l'investisseur

la même satisfaction, pour une combinaison risque-rentabilité différente et quelle que soit sa courbe d'indifférence spécifique, il choisira le portefeuille avec le rendement le plus élevé pour un risque donné.

4. En fonction de son attitude vis-à-vis du risque (courbe d'indifférence), l'investisseur est amené à choisir « son » portefeuille optimal. Celui-ci correspond au point de tangence entre sa courbe d'indifférence et la frontière efficiente. S'il considère un actif sans risque, l'investisseur aura la possibilité de placer une partie de ses avoirs dans l'un des portefeuilles risqués situés sur la frontière efficiente des actifs risqués, et une autre partie dans un actif sans risque.

5. Pour mesurer ce risque de manière mathématique, l'investisseur doit utiliser la formule exposée lors de la définition théorique du concept :

Formule du MÉDAF

$$E(R_i) = R_f + \beta_i \, [\, E(R_M) - R_f\,]$$

$$
\begin{aligned}
i &= \text{actif} \\
E(R_i) &= \text{rentabilité espérée de mon actif} \\
R_f &= \text{rentabilité de mon actif ou taux} \\
&\quad\ \text{d'intérêt sans risque} \\
\beta_i &= \text{mesure du risque systématique de} \\
&\quad\ \text{l'actif (risque du non diversifiable de} \\
&\quad\ \text{l'actif)} \\
E(R_M) &= \text{rentabilité espérée sur le marché}
\end{aligned}
$$

6. Par ailleurs, il n'est pas sans savoir qu'actuellement, les évaluations des actifs financiers sont informatisées.

RECOMMANDATIONS

Hypothèses et variantes du modèle nécessaires

Lors de l'application du MÉDAF, il faut être conscient que le modèle n'est pas toujours réaliste : compte tenu de la situation actuelle, les hypothèses posées par le modèle sont rarement d'application. Dès lors, le calcul du ratio risque-rentabilité doit être étendu à des hypothèses et variantes plus larges. Ci-dessous, des exemples de contradictions observés :

- le modèle ne considère que les titres émis en bourse dans son portefeuille de marché. Or, un portefeuille de marché doit être défini par l'ensemble des opportunités d'investissement existantes dans l'économie, et est donc beaucoup plus large ;
- le MÉDAF pose des hypothèses difficilement applicables au contexte actuel. Il faut alors étendre le modèle théorique à la réalité de notre environnement, ce qui a souvent pour effet de le rendre moins pertinent et plus complexe ;

- le bêta nul ou l'absence de risque. Il est généralement impossible d'emprunter à un taux sans risque. On ne peut pas réellement supposer qu'un actif sans risque existe. Le MÉDAF doit alors être adapté dans ce sens.
- Le MÉDAF suppose également qu'il n'existe pas d'impôt, ni de coût de transaction, etc. Cette hypothèse doit être reconsidérée, car les investisseurs sont effectivement soumis à des impôts (notamment sur les dividendes et les plus-values sur vente) et à des coûts de transaction. S'il prend en considération tous ces frais additionnels, l'investisseur aura tendance à limiter la taille de son portefeuille en achetant moins d'actions.

Les extensions des hypothèses et variantes du modèle sont nombreuses. On peut citer Keith Cuthberson qui, dans le chapitre 3 de son ouvrage *Économie financière quantitative : actions, obligations et taux de change*, présente et développe les subtilités du MÉDAF et leurs applications mathématiques.

Enfin, nous recommandons à l'investisseur ou à l'entreprise investissant de considérer le facteur « diversification », paramètre essentiel à la mesure du risque, pour diminuer ce dernier. Bien plus, la prudence est de mise, car il n'y a pas de rendement sans risque ! Généralement d'ailleurs, la diversification du portefeuille est un des meilleurs moyens pour se protéger et limiter le risque.

Au niveau des actions

L'augmentation du nombre de titres dans le portefeuille s'accompagne d'une diminution du risque, même si celle-ci n'évolue pas de manière linéaire. Si les effets de la diversification sont notables au début, à partir d'un certain niveau, ils s'amoindrissent alors que les coûts liés au nombre de titres (transactions, frais fixes, etc.) croissent. Par ailleurs, la diversification maximale permet de réduire la variabilité des rendements d'une action belge moyenne de 70 % par exemple, les 30 % restants constituant le risque « systématique », parce qu'impossible à éliminer par la diversification (cf. risque du marché).

La gestion active et la gestion passive

- La gestion active offre généralement un risque supérieur à celui du marché pour un rendement espéré supérieur.
- La gestion passive garantit un risque équivalent à celui du marché pour un rendement légèrement inférieur.

La diversification peut se faire à différents niveaux :

- sur différentes zones (Europe, USA, Japon, pays émergents, etc.) ;
- au niveau des secteurs d'activité ;
- en fonction de la taille de l'entreprise ;
- en style de gestion (active, passive, etc.).

En plus des actions, prenons d'autres exemples tels que les obligations, le cash et l'or, sans compter qu'il existe d'autres actifs comme les fonds d'investissement, les œuvres d'art, etc.

- **Les obligations** offrent généralement un rendement inférieur aux actions, mais le risque est limité.

- **Le cash ou l'épargne** offrent la plupart du temps un rendement inférieur aux actions – sauf exceptions telles que les actions Fortis, qui ont perdu en 2008 environ 95 % de leur valeur –, mais du même ordre de grandeur que celui des obligations.
- **L'or** se caractérise par un risque élevé pour un rendement moyen inférieur aux autres avoirs.

ÉTUDE DE CAS

Contexte

Dans un contexte de gestion de patrimoine, un gestionnaire définit l'objectif recherché par le client afin d'y répondre au mieux. L'expert analyse la situation complète de l'investisseur – familiale, professionnelle, fiscale et patrimoniale. Une telle analyse lui permet de préciser des besoins encore plus ciblés.

LA GESTION DE PATRIMOINE, POURQUOI ?

La gestion de patrimoine est un processus par lequel les biens privés (biens mobiliers, immobiliers, cash, etc.) sont évalués dans le but d'optimiser leur usage. Si une personne détient de nombreux biens, elle sera soumise à des impôts relativement élevés. La gestion de patrimoine tend à minimiser les coûts par l'optimisation de l'usage de ces biens.

Quel est le portefeuille le plus efficient pour ce client-investisseur selon le modèle MÉDAF ?

La problématique réside dans l'évaluation et la détermination d'un portefeuille efficient en fonction du type d'investisseur que le gestionnaire de patrimoine a en face de lui.

LES TYPES D'INVESTISSEUR

Les banques et les institutions financières distinguent généralement quatre types de profils d'investisseurs :

- l'investisseur risqué, confiant en l'avenir et en recherche de performance ;
- l'investisseur prévoyant, à la fois confiant en l'avenir et peu enclin au risque ;

- ○ le dépensier, consommateur ;
- ○ l'investisseur pessimiste par rapport à l'avenir et réticent face au risque.

Premièrement, le gestionnaire doit déterminer plusieurs paramètres du marché :

- **le choix du portefeuille de marché de référence.** Il existe plusieurs indices boursiers regroupant un ensemble représentatif des actifs présents sur les marchés. Par exemple, CAC 40 (indice boursier reprenant les 40 plus grosses capitalisations boursières en France) ou S&P 500 (indice boursier en Amérique).
- **le choix de l'actif sans risque.** Nous pouvons considérer les obligations d'État ou les produits d'assurance-vie comme les actifs pour lesquels le risque est limité. Bien que le risque soit limité – et donc jamais complètement nul –, le rendement est quant à lui incertain et volatile.
- **le choix du portefeuille client.** Le MÉDAF considère que tous les actifs financiers présents sur le marché sont tous correctement évalués : ils comportent chacun un risque et une rentabilité attendue particulière. Le gestionnaire choisit avec l'investisseur, qui

est conscient de l'inévitable rapport entre le rendement des actifs et les risques, le portefeuille correspondant le plus aux attentes de ce dernier. Dès lors, le choix du contenu du portefeuille du client va être directement lié à leur exposition au portefeuille de marché. Ce coefficient d'exposition (bêta) peut facilement être obtenu grâce aux informations financières relayées par l'indice boursier. Une fois le bêta déterminé, il convient d'établir la stratégie satisfaisant aux exigences de l'investisseur.

- **les variantes du modèle ; le bêta, la volatilité et le rendement de portefeuille.** Calculer ces paramètres du MÉDAF peut se faire de différentes manières :
  - via des données historiques antérieures en fonction des effets épisodiques. Mais, attention : l'évolution des données historiques étant généralement liée à des périodes spécifiques (période de crise, etc.), celles-ci ne permettent pas une objectivité totale ;
  - via des données financières déjà exploitées et disponibles sur des plates-formes. Encore une fois, il faut être prudent face à la subjectivité et aux partis pris de certaines analyses ;
  - enfin, via des rapports d'entreprise et des prévisions relatives à la conjoncture.

En général, le gestionnaire cherche l'information la plus complète – et donc la plus fiable – afin de ne pas ajouter de risque supplémentaire au portefeuille de l'investisseur. Une fois les variantes du modèle précisées, le MÉDAF détermine la meilleure distribution possible des ressources financières de l'investisseur tout en respectant les desiderata de ce dernier au niveau du rendement, des risques et des types d'actifs.

Simulation de portefeuille

Supposons donc un portefeuille relativement diversifié avec des actifs de secteurs différents, émis par des entreprises d'importance variable, investissant sur des marchés géographiques distincts.

Ce portefeuille se compose de 15 obligations d'État allemandes, de 20 actions émises par Belfius, de 8 actions émises par une coopérative agricole cambodgienne et de 10 autres actions immobilières américaines.

Connaître le niveau de corrélation est important, car cela permet de percevoir si le portefeuille est très risqué (coefficient proche de 1 ; corrélation positive) ou non (coefficient proche de 0 ; corrélation négative). Par ailleurs, le coefficient de performance renseigne sur le niveau de maîtrise du risque et donc sur la sécurité relative des actifs. Cette performance est calculée grâce au ratio de l'économiste William Sharpe afin que tout résultat négatif soit éliminé du portefeuille.

Ratio de Sharpe

$$\text{Ratio de Sharpe} = \frac{\text{profit} - \text{taux sans risque}}{\text{volatilité}}$$

L'analyse de la performance peut comporter deux dimensions :

- une dimension graphique ;
- une dimension mathématique exprimée en valeur de portefeuille et en valeur des actifs qui composent ce portefeuille.

Dans le cas de notre portefeuille, on observe que la diversification adoptée est bonne, mais peut être améliorée, notamment en choisissant des actifs moins corrélés.

Conclusion

Le MÉDAF permet une analyse simple des mouvements des marchés et de l'exposition au risque des actifs donnés. Cependant sans les <u>extensions du modèle</u>, ce dernier se révèle peu – voire pas – utile ou performant. Le ratio de William Sharpe, par exemple, est un outil non négligeable qui permet de mesurer la performance des actifs dans un environnement complexe comme celui d'aujourd'hui.

EN RÉSUMÉ

- Le MÉDAF est une méthode mathématique qui permet de calculer la rentabilité attendue de n'importe quel actif financier.
- Le modèle apparaît dans les années cinquante, période durant laquelle les marchés financiers se perfectionnent et s'uniformisent, car les investisseurs désirent plus d'informations et de garanties pour assurer la rentabilité de leurs actifs financiers.
- Les théoriciens :
    - en 1921, Frank Knight définit les notions d'incertitude et de risque ;
    - en 1950, Harry Markowitz annonce le début de la théorie moderne de la diversification et du portefeuille ;
    - enfin, à partir de 1964, des économistes tels que William Sharpe, John Lintner, Jan Mossin et Fischer Black développent les modèles financiers précédemment créés et donnent naissance au MÉDAF.

- Lors de l'application du modèle, il faut :
  - déterminer la frontière des portefeuilles efficients ;
  - déterminer son portefeuille optimal, en diversifiant son portefeuille d'actifs pour minimiser le risque systématique tout en gardant un certain niveau de rentabilité ;
  - mesurer le risque et la rentabilité de son portefeuille.
- Le modèle n'est utile que s'il n'existe aucune information privée ni aucun coût de transaction. Le portefeuille diversifié optimal est dès lors le même pour tous les investisseurs.
- Les principales limites de ce modèle sont l'inapplicabilité des hypothèses énoncées et l'instabilité du coefficient bêta.
- Trois modèles prolongent le MÉDAF : le MEA (Modèle d'Évaluation par Arbitrage), le modèle multifactoriel et le modèle à variables représentatives.

POUR ALLER PLUS LOIN

SOURCES BIBLIOGRAPHIQUES

- BAUDOT (Jean-Yves), « Droite de marché, prime de risque et relation du MÉDAF », in *Concepts et techniques (organisationnelles, descriptives, prédictives et prévisionnelles) en entreprise, finance et économie*, consulté le 26 juin 2014. http://www.jybaudot.fr/Bourse/medaf.html

- BROQUET (Claude), COBBAUT (Robert), GILLET (Roland) et BERG (André van den), *Gestion de portefeuille*, Bruxelles, De Boeck, 2004.

- DAMODARAN (Aswath), *Finance d'entreprise. Théorie et pratique*, Bruxelles, De Boeck, 2006.

- DESQUILBET (Jean-Baptiste), *Le MÉDAF. Modèle d'évaluation des actifs financiers*, Université d'Artois, consulté le 26 juin 2014. http://jb.desquilbet.pagesperso-orange.fr/docs/A_M2thfi_2_MEDAF.pdf

- GAGA (O) et TARIB (A), *Le Modèle d'Équilibre des Actifs Financiers. Cas d'ITISSALAT AL-MAGHRIB*, consulté le 26 juin 2014. http://fr.scribd.com/doc/24407264/Modele-d-equilibre-des-actifs-financiers-MEDAF-CAPM

- LIMAIEM (Imen), *Les facteurs du modèle Fama et French : cas du marché des actions canadiennes*, Université du Québec à Montréal, 2009, consulté le 8 juillet 2014.
  http://www.archipel.uqam.ca/2202/1/M10858.pdf

- MOISSON (Jean-Christophe), *Méthodes et principes de gestion : portefeuille benchmarkée*, consulté le 26 juin 2014.
  http://wolf699.free.fr/MonCV-moisson/
  Gestion_de_portefeuille_bench.pdf

- NGOMA (Fabrice), *Évaluation des actifs financiers par le MÉDAF. Validation empirique de la relation risque-rendement par les modèles économétriques*, consulté le 26 juin 2014.
  http://www.memoireonline.com/07/10/3749/
  Evaluation-des-actifs-financiers-par-le-MEDAF-
  validation-empirique-de-la-relation-risque-
  rendement-.html

- « Variance et écart-type », in *Statistique Canada*, consulté le 26 juin 2014.
  http://www.statcan.gc.ca/edu/power-pouvoir/
  ch12/5214891-fra.htm

SOURCES COMPLÉMENTAIRES

- CUTHBERTSON (Keith), *Économie financière quantitative. Actions, obligations et taux de change*, Bruxelles, De Boeck, 2000.

- JOKUNG-NGUENA (Octave), *Mathématiques et gestion financière. Applications avec exercices corrigés*, Bruxelles, De Boeck, 2004.

- PITOUN (Benjamin), RIBIERE (Yann) et DESCOMBES (Chloé), *Le MÉDAF. Application à la gestion de patrimoine*, consulté le 26 juin 2014. http://longin.fr/Cours/Cours_Gestion_patrimoine/reserve/Seance_R/Documents/GP_2010_2011_Presentation_Allocation_Strategique.pdf

- PONCET (Patrice) et PORTAIT (Roland), *La théorie moderne du portefeuille. Théorie et application*, Eyrolles, 2009, consulté le 26 juin 2014. http://www.essec.edu/faculty/showDeclFileRes.do?declId=9129&key=Publication-Content

Votre avis nous intéresse !
Laissez un commentaire sur le site de votre
librairie en ligne et partagez vos coups de cœur sur
les réseaux sociaux !

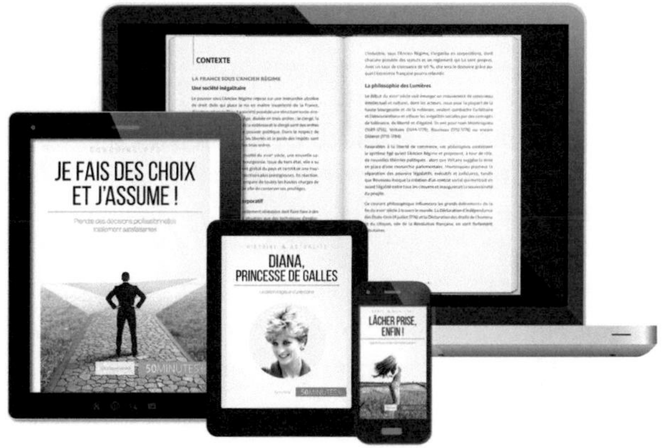

www.50minutes.fr

ISBN ebook : 978-2-8062-5864-9
ISBN papier : 978-2-8062-5865-6
Dépôt légal : D/2014/12603/145
Photo de couverture : © Primento

Conception numérique : Primento,
le partenaire numérique des éditeurs